ANNÉE 1885

L'ASSAINISSEMENT

DE PARIS

PARIS

IMPRIMERIE MORRIS PÈRE ET FILS

64, RUE AMELOT, 64

—

1885

L'ASSAINISSEMENT DE PARIS

L'assainissement de Paris a, dans tous les temps, excité la sollicitude des magistrats chargés de veiller au bien-être et à la prospérité des habitants de cette grande Cité. On trouve les preuves de cette sollicitude dans une foule d'édits et de documents officiels dont quelques-uns remontent aux premiers âges de notre histoire.

Sous Charles V, en 1374, Hugues Aubriot, Prévôt de Paris, construisit le premier égout en faisant couvrir de maçonnerie la rigole à ciel ouvert qui conduisait les eaux de Montmartre au ruisseau de Ménilmontant. En 1476, Henri de Livre, Prévôt des marchands, fit rendre une ordonnance pour le nettoiement et le balayage des rues.

Un édit de François Ier, de 1539, reproduisit à peu près les mêmes prescriptions, mais ce ne fut qu'en 1667, sous la prévôté de Daniel Voisin que Paris sortit enfin de son cloaque et de sa boue séculaires, et qu'un sage règlement assura cette salutaire amélioration de la voie publique. On donna l'enlèvement des boues à l'entreprise, celui qui en était chargé recevait une somme de cent mille livres.

Chaque propriétaire fut taxé, selon la valeur de son

immeuble, par le Lieutenant général de police, qui avait aussi dans ses attributions, la sûreté et l'éclairage de la Ville.

Voici quelques documents assez curieux sur la superficie occupée par la ville de Paris à différentes époques, avec l'indication en regard du chiffre de sa population.

	mètres	habitants
Sous Jules César, 56 ans avant notre ère	152,307	45,000
Sous Julien, en 363	347,848	102,000
Sous Philippe-Auguste, en 1211. . . .	2,528,633	190,000
Sous Charles VI, en 1383.	4,391,000	260,000
Sous Henri II, en 1550.	4,836,000	290,000
Sous Henri IV, en 1606.	5,678,000	310,000
Sous Louis XIV, en 1686	12,000,000	476,000
Sous Lous XVI, en 1788	33,700,000	665,000
Sous Louis-Philippe, en 1842.	34,025,607	1,053,897
Sous la République, en 1881.	78,020,000	2,239,928

Voici quelles étaient les principales agglomérations des différentes classes dont se composait sa population.

Sur la rive droite de la Seine, les étrangers et les riches se portaient de préférence dans la Chaussée-d'Antin et le Faubourg-Saint-Honoré.

Sur la rive gauche, la noblesse affectionnait, depuis un siècle surtout, le Faubourg-Saint-Germain.

Le haut commerce et l'aisance qui l'accompagne s'étaient concentrés autour du Palais-Royal ainsi que dans les rues Saint-Denis et Saint-Martin.

Quant aux ouvriers et aux artisans, ils étaient entassés dans les ruelles de la Cité, soit dans les bouges qui bloquaient l'Hôtel-de-Ville. On les voyait également en grand nombre dans les vieux quartiers du marché Saint-Jean, des Arcis, du Mont-de-Piété et Sainte-Avoie.

La Ville s'était considérablement augmentée, principalement dans la partie nord-ouest, mais Paris ne s'était pas amélioré et les vieux quartiers demeuraient tels que le moyen âge les avait faits, alors que la population ne dépassait pas 300,000 habitants.

L'Administration municipale de la fin du dix-huitième siècle semblait avoir oublié depuis longtemps les sages principes formulés en ces termes par le Prévôt des marchands, François Myron : « Il ne faut pas, dans Paris, « que les gros soyent d'un côté et les menus de l'autre, « il les vaut mieux mellangez. »

Pourquoi le Système administratif était-il en 1780, la contre-partie de celui de 1605 ? C'est qu'à la première de ces deux époques, l'Edilité parisienne prospérait en pleine sève de libertés, de franchises municipales, tandis qu'en 1780, et depuis plus d'un siècle, elle n'était que l'émanation du Pouvoir qu'on ne peut éclairer lorsqu'on doit toujours lui obéir.

LES ARBRES

Parmi les moyens de neutraliser l'insalubrité de l'air, on a reconnu que le plus efficace consistait à faire de grandes plantations dans l'enceinte des villes. Cette vérité paraît solidement établie par la physiologie végétale.

On sait que les hommes aspirent de l'oxigène et expirent de l'acide carbonique, c'est le contraire qui a lieu pour les végétaux.

Or, puisque ces derniers exhalent de l'oxygène, indispensable à la vie, il est naturel de conclure qu'il faut faire des plantations nombreuses dans l'enceinte des grandes cités où l'air est presque toujours vicié par une population agglomérée, où les besoins domestiques et les exigences industrielles versent dans l'atmosphère des flots d'acide carbonique.

Ces plantations opposent donc un remède au mal.

On sait aussi que les villages situés aux confins des forêts, donnent les hommes les plus forts et les plus robustes, c'est que là l'air pur et balsamique des bois est salutaire à la santé.

Les anciens à qui les analogies étaient mieux connues qu'à nous, envoyaient leurs malades dans l'île de Crète qui était alors couverte d'arbres résineux ; là, sans autre remède que l'air embaumé des résines qu'ils respiraient à grands flots, ils retrouvaient leurs forces et retournaient dans leur patrie avec une santé florissante.

Il est admis dans la science, d'après la concordance des expériences des physiologistes, qu'en moyenne, chaque individu humain produit chaque jour, en respirant, 750 litres d'acide carbonique, 750 litres d'acide carbonique contiennent 401 grammes de carbone, ainsi l'on peut dire, en toute vérité, que chaque individu brûle chaque jour, par l'acte respiratoire, 401 grammes de carbone, et par an la quantité totale de 146 kilos, 165 grammes.

Les principales essences employées dans les plantations parisiennes pour l'agrément des promeneurs et l'assainissement de l'air, sont : l'Orme, le Marronnier, le Platane, le Sycomore, l'Ailante ou vernis du Japon, l'Acacia, le Tilleul, le Paulownia, le Négundo Erable à feuilles de frêne et l'Erable plane.

L'orme croît naturellement en France, c'est un des arbres les plus beaux et les plus utiles que la nature ait prodigués à notre continent. Il résiste énergiquement aux intempéries des saisons et donne un frais et salutaire ombrage. Nos pères faisaient très grand cas de cet arbre et le cultivaient avec beaucoup de soin.

Le marronnier est originaire des climats tempérés de l'Inde, il s'élève à la hauteur de vingt-cinq à trente mètres, sa forme est belle, son feuillage superbe et il projette en outre beaucoup d'ombrage. Ses fleurs parsemées de taches roses sur un fond blanc, et disposées en pyramides nombreuses au sommet des rameaux, offrent, au printemps, un magnifique coup d'œil.

C'est un nommé Bachelier qui, le premier, apporta cet arbre de Constantinople à Paris, le premier pied fut planté en 1615, dans le jardin de l'hôtel de Soubise, cette demeure somptueuse des descendants des Rohan, aujourd'hui affectée aux archives nationales.

On en planta un second pied dans le Jardin des plantes, en 1656, puis un troisième la même année dans le Jardin du Luxembourg.

Celui du Jardin des plantes est mort en 1767, on en a conservé une tranche dans les galeries du Muséum.

On lit dans l'*Encyclopédie* : « Lorsque le platane fut apporté en France, on en fit si grand cas que l'on exigeait un tribut des gens qui voulaient se reposer sous son ombrage. »

Les Grecs avaient la plus grande vénération pour cet arbre, ils en décoraient les avenues et les places qui environnaient leurs écoles à Athènes.

Les Jardins d'Epicure en étaient embellis. C'était sous le dôme de leurs épais feuillages qu'Aristote enseignait, parmi les jeux et les ris, cette sagesse aimable qui fit si longtemps le bonheur des Hellènes.

En Perse, on le cultive dans les jardins et les promenades publiques; on lui attribue le pouvoir d'arrêter les épidémies.

Les premiers plantanes furent plantés en 1754, dans les Jardins de Trianon.

Le Sycomore est remarquable par la beauté de son port

et de son feuillage, ses fleurs disposées en grappes pendantes, s'épanouissent au printemps.

Le Sycomore est robuste, il résiste aux grandes chaleurs, aux longues sécheresses, les hivers les plus rigoureux ne lui portent aucun préjudice, même dans sa première jeunesse. Parmi tous nos arbres d'avenues, le Sycomore seul se maintient droit et solide en dépit de la violence des tempêtes.

Le Vernis du Japon est d'une forme très heureuse; il atteint la hauteur de quinze à vingt mètres; son accroissement est rapide; ses feuilles allongées comme celles des sumacs, se développent vers la fin d'avril et donnent beaucoup d'ombrage.

L'Acacia est un grand et bel arbre originaire d'Amérique où il croît en abondance, le nom de *Robinia* qui lui a été donné par Linné, lui vient du botaniste Robin qui l'introduisit en France sous Henri IV, en 1602.

Comme arbre d'alignement, l'acacia offre le plus agréable aspect, sa verdure est riante, sa forme régulière; les fleurs qui se détachent de son élégant feuillage sont blanches comme des flocons de neige et répandent dans l'air le plus doux et le plus suave parfum.

L'Acacia croit avec une grande rapidité et pousse quelquefois dans une année des branches de deux à trois mètres de longueur. Il n'est pas sensible aux froids, son léger et joli feuillage n'est jamais attaqué par les insectes. Le seul reproche qu'on puisse lui adresser, c'est de n'être pas résistant, les vents le brisent facilement.

Le Tilleul commun ou de Hollande parvient à la hauteur de vingt-cinq à trente mètres, et a un très beau port, un feuillage épais qui donne beaucoup d'ombre, et des jolies fleurs disposées en corymbes le long des rameaux ; elles s'épanouissent au printemps et répandent dans l'air une douce et agréable odeur. Mais il a l'inconvénient de perdre ses feuilles de bonne heure.

Le Paulownia impérialis ou kiri de Japon, croît à la hauteur de dix à douze mètres, ses fleurs d'un bleu améthyste s'épanouissent au printemps avant le développement des feuilles et répandent un parfum très agréable.

Cet arbre, l'un des plus beaux que l'on puisse planter dans les jardins publics, est remarquable par ses grandes feuilles en cœur ; il résiste aux froids les plus rigoureux de nos hivers.

Le Négundo ou érable à feuilles de frêne parvient à la hauteur de quinze à vingt mètres, il a un beau port, un feuillage touffu et donne un frais et agréable ombrage.

L'Érable plane qui croît comme le précédent est remarquable par ses feuilles vertes des deux côtés, bordées de dents aiguës, inégales et écartées, sa verdure est riante et il donne beaucoup d'ombre.

Mais de tous les végétaux qui embellissent et assainissent la terre et qu'on regrette de ne pas voir plus nombreux dans les parcs et jardins publics de Paris, c'est le cèdre du Liban, l'arbre le plus recherché par les anciens ; son histoire remonte aux temps les plus reculés de l'antiquité sacrée et profane.

D'après les lois de Moïse, son bois était chez les Israélites, au nombre des offrandes que les lépreux devaient présenter pour se purifier après leur guérison.

Ils avaient aussi la coutume quand il leur naissait un

fils, de planter un cèdre, et pour une fille ils plantaient un pin, et quand les enfants se mariaient, on faisait leur lit nuptial avec le bois de cet arbre, symbole naturel de la constance et de la pureté, parce qu'il est incorruptible et qu'il peut durer des siècles.

Le Cèdre était le plus bel arbre que connussent les Hébreux, aussi leurs poètes ont-ils souvent fait allusion à sa taille colossale, à sa cime élevée, à l'immense étendue de ses rameaux.

Le Cèdre était pour eux l'emblème de la force et de la puissance.

Les Cèdres du Liban ont conservé de nos jours la célébrité qu'ils avaient dans les temps anciens. Tous les voyageurs qui ont été en Syrie ont regardé comme un devoir d'aller visiter des arbres que les rois d'Israël avaient employés à des constructions sacrées et que leurs prophètes avaient immortalisés dans leurs poèsies religieuses.

Le doyen des arbres parisiens est l'orme qui s'élève au milieu de la cour de l'Institut national des Sourds-Muets, rue Saint-Jacques, son tronc, droit et bien proportionné, mesure cinquante mètres de hauteur et cinq de circonférence à hauteur d'homme. Sa cime, ample et arrondie, couvre de ses branches un cercle de trente mètres de diamètre.

Ce bel arbre, que le temps a respecté et dont les branches ont étendu leur ombrage sur tant de générations, est, dit-on, le dernier survivant des grandes plantations ordonnées par Sully, sous Henri IV, en 1605 et 1608.

Mais il faut le dire, les arbres à Paris malgré tous les

soins dont ils sont entourés ont une existence laborieuse et pleine de périls ; le pavé, le bitume, le sol battu et durci par le passage des promeneurs, empêchent l'accés de l'eau pluviale et de l'air jusqu'aux racines ; la poussière, la fumée, le gaz, les infiltrations ménagères, le roulement des voitures qui ne laisse aucun repos aux racines, sont autant de causes qui s'opposent à leur prospérité. De même que trop près des habitations, ils sont une cause d'insalubrité, de même les habitations sont pour eux une cause de dépérissement et de mort.

Tous les auteurs qui ont écrit sur l'hygiène publique recommandent avant tout la sécheresse des habitations, et le libre accès de l'air et du soleil. Que de maladies sont causées par le froid, par l'humidité et par l'obscurité.

LES EAUX

Cette question des eaux a, dans tous les temps, été l'objet d'une préoccupation constante de l'Édilité parisienne, et en ce moment des travaux considérables sont entrepris pour donner à la population les bienfaits d'une double propreté : celle de la voie publique et celle des habitations.

L'eau est un aliment et l'un des plus salutaires à la santé publique.

Dans les quartiers pauvres une abondante distribution des eaux donne aux classes laborieuses des habitudes de propreté très favorables à la conservation de la santé.

Dans les quartiers industriels, l'eau est l'agent le plus puissant et le meilleur auxiliaire des inventions utiles.

Voici, à ce sujet, deux lettres de Voltaire, qui présentent un certain intérêt, elles sont adressées à M. de Parcieux, membre de l'Académie des sciences, sur son projet d'amener à Paris les eaux de l'Ivette.

« *Au château de Fernay (près Genève), le 17 juillet 1767.*

« A Monsieur de Parcieux,

« Vous avez dû, Monsieur, recevoir des éloges et des
« remerciements de tous les hommes en place ; vous n'en

« recevrez aujourd'hui que d'un homme bien inutile,
« mais bien sensible à votre mérite et à vos grandes vues
« patriotiques.

« Si ma vieillesse et mes maladies m'ont fait renon-
« cer à Paris, mon cœur est toujours votre citoyen. Je
« ne boirai plus des eaux de la Seine, ni d'Arcueil, ni de
« l'Ivette, ni même de l'Hypocrène, mais je m'intéres-
« serai toujours au grand monument que vous voulez
« élever. Il est digne des anciens Romains, et malheu-
« reusement nous ne sommes pas Romains.

« Je ne suis pas étonné que votre projet soit encouragé
« par M. de Sartines. Il pense comme Agrippa ; mais
« l'Hôtel-de-Ville n'est pas le Capitole.

« On ne plaint pas l'argent pour avoir un Opéra-Co-
« mique, et on le plaindra pour avoir des aqueducs dignes
« d'Auguste.

« Je désire passionnément me tromper ; je voudrais
« que toutes les maisons de Paris eussent de l'eau
« comme celles de Londres. Nous venons les derniers en
« tout ; les Anglais nous ont précédés et instruits en
« mathématiques, les Italiens en architecture, en pein-
« ture, en sculpture, en poésie, en musique, et j'en suis
« bien fâché.

« J'ai l'honneur d'être avec l'estime infinie que vous
« méritez et avec la reconnaissance d'un citoyen, etc. »

Voici la seconde lettre :

« *Au château de Ferney, le 15 janvier 1768.*

« Je déclare, Monsieur, les Parisiens Welches et de
« francs badauds, s'ils n'embrassent pas votre projet. Je

« suis, de plus, assez mécontent de Louis XIV, qui
« n'avait qu'à dire : Je veux! et qui au lieu d'ordonner
« à l'Ivette de couler dans toutes les maisons de Paris,
« dépensa tant de millions au canal de Maintenon.
« Comment les Parisiens ne sont-ils pas un peu piqués
« d'émulation quand ils entendent dire que toutes les
« maisons de Londres ont deux sortes d'eau qui servent
« à tous les usages? Il y a des bourses très fortes à
« Paris, mais il y a peu d'âmes fortes. Cette entreprise
« serait digne du gouvernement, mais a-t-il six millions
« à dépenser, toutes charges payées? C'est de quoi je doute
« fort. Ce serait à ceux qui ont des millions de quarante
« écus de rente à se charger de ce grand ouvrage; mais
« l'incertitude du succès les effraie, le travail les rebute,
« et les filles de l'Opéra l'emportent sur les naïades de
« l'Ivette. Je voudrais qu'on pût les accorder ensemble;
« il est très aisé d'avoir de l'eau et des filles.

« Comment M. le Prévôt des Marchands, d'une famille
« chère aux Parisiens, qui aime le bien public, ne fait-il
« pas les derniers efforts pour faire réussir un projet si
« utile? On bénirait sa mémoire. Pour moi, Monsieur,
« qui ne suis qu'un laboureur à quarante écus, et au pied
« des Alpes, que puis-je faire, sinon de plaindre la ville
« où je suis né, et conserver pour vous une estime très
« stérile?

« Je vous remercie en qualité de Parisien, et quand
« mes compatriotes cesseront d'être Welches, je les
« louerai en mauvaise prose et en mauvais vers, tant
« que je pourrai.

   « J'ai l'honneur, etc. »

Dans le *Cérémonial* de l'Hôtel-de-Ville de l'année 1748, on lit que le prévôt des Marchands et les Magistrats municipaux faisaient chaque année une visite officielle des fontaines et des eaux de Paris.

Voici comment s'exprime à ce sujet le *Cérémonial* :

« Visite des eaux de Belleville et du Pré-Saint-Gervais.
« — Le Bureau s'assemble à l'Hôtel-de-Ville, en man-
« teau, sur les huit heures du matin, y déjeûne et part
« dans l'ordre qui suit : le carrosse des huissiers à quatre
« chevaux ; celui du colonel aussi à quatre chevaux ;
« celui où sont messieurs les prévost des marchands et
« trois échevins, à six chevaux ; celui où sont les
« quatriesme échevin, procureur du roy, greffier et rece-
« veur, aussi à six chevaux, et celui où sont les quatre
« commissaires des eaux, qui sont tirés des compagnies
« des conseillers et quartiniers, ayant réunis ces charges
« aux leurs, dans un carrosse à quatre chevaux. Le maître
« général des bâtiments de la Ville y est appelé. Ces
« carrosses sont escortés par six gardes de la Ville, à
« cheval, et deux officiers. Le plombier y est appelé.

« On va visiter les regards sur le chemin de Belleville
« et du Pré-Saint-Gervais. Comme le chemin est long et
« difficile, on forme deux bandes : les uns vont du
« côté de Belleville, et les autres de celui du Pré-Saint-
« Gervais. Le maître d'hôtel a soin de préparer à dîner
« dans quelque maison empruntée sur la route. Puis on
« retourne dresser le procès-verbal des choses que l'on
« a jugé à propos de remarquer. On voit dans les regards,

« si chacun qui a des concessions en fournit plus ou
« moins. »

VISITE DES EAUX D'ARCUEIL ET DE RUNGIS

« Le Bureau va comme à la visite des eaux de Belle-
« ville et accompagné des mêmes personnes. On visite
« d'abord le Château-d'Eau, qui est près de l'Observatoire.
« Ensuite on va à Arcueil, où est l'aqueduc; de là, on
« visite les regards qui sont sur le chemin d'Arcueil à
« Rungis, et l'on va à Rungis visiter le carré de voûte.
« On dîne dans quelque maison de ce côté-là, où le
« maître d'hôtel a soin de faire préparer le dîner, puis
« on revient à Paris, et on dresse le procès-verbal. »

VISITE DES FONTAINES

Cette visite se fait en deux fois.

« La première du côté du midi. Le Bureau dans des
« carrosses à deux chevaux, suivi de quatre commissaires
« des eaux et du maître général des bâtiments, et escortés
« par quatre gardes de la Ville à cheval, et deux officiers,
« visite les fontaines si elles sont en bon état et si les
« concessions sont remplies.

« La visite des fontaines, de l'autre côté de la rivière,
« se fait de même, mais un autre jour.

« A ces deux visites, on dresse des procès-verbaux et
« on revient dîner à l'Hôtel-de-Ville.

« Les huissiers et le colonel précèdent toujours le
« Bureau à ces visites. »

CANAL A LA MER

Le Canal à la mer au moment où la population augmente, où les fabriques et les industries se multiplent ne serait-il pas le meilleur auxiliaire d'assainissement de Paris, en débarrassant la Seine des eaux impures des égouts et celles des nombreuses usines élevées sur son parcours?

S'il est une œuvre grande et salutaire que doit accomplir l'Edilité parisienne, et qui obtiendra l'assentiment unanime de la population, c'est assurément l'exécution de cet utile projet dont les heureux résultats se feront sentir non seulement dans le présent, mais dans l'avenir le plus reculé.

Paris, la ville des sciences, des arts, de l'hospitalité, n'aurait plus à craindre de voir se renouveler ces meurtrières épidémies qui ont si souvent porté le trouble et l'effroi dans le sein des familles.

En ce moment de chômage général, quel bienfait rendrait à Paris, à la France, ce grand chantier ouvert pendant plusieurs années, à ces nombreux ouvriers, à ces milliers de bras que le besoin entasse dans les villes et que la misère dégrade.

Le canal, sur chacune de ses rives, et suivant la nature du sol, pourrait recevoir de nombreux arbres fruitiers et l'industrie maraîchère y cultiver des légumes en grand nombre dont le produit serait considérable.

Un peuple qui n'a point d'aliments, est sans puissance; s'il ne s'attache pas à la terre, qui contient les germes de toutes les productions, s'il ne lui demande pas la nourriture et les fruits, abondât-il en or et en argent, il est toujours malheureux.

Les anciens ont fait il y a quatre mille ans des choses plus grandes avec infiniment moins de moyens et de savoir que nous n'en possédons aujourd'hui.

« Nous aimons, dit Mercier, l'auteur du *Tableau de Paris*, ces travaux hardis, et nous honorons en même « temps les ingénieurs; car nous les regardons comme « les auteurs par excellence, comme eux dont l'invention « fait des conquêtes utiles et grandes sur la nature. Sous « leur compas, le fleuve fougueux devient canal docile; « les rochers tombent et s'applanissent, les rocs sont « percés, et les eaux passent sous leurs obscures voûtes. « Les torrents divisés n'ont plus que l'action nécessaire « et sont soumis à la loi du niveau. L'inégalité des terres « obéit à leurs ordres; les aqueducs s'élèvent; mille « rigoles, dérivées des canaux, abreuvent les prés, les « vergers et portent partout l'abondance et la vie.

« Voilà de quelle manière l'ingénieur habile recompose « le sol, et établit des communications utiles que les « éléments respectent. Le fleuve artificiel monte, redes- « cend, sous ses lois, et feconde les prairies qu'il traverse. « Tout s'embellit sur son cours, et l'artiste, soit en maî- « trisant, soit en corrigeant la nature, prolonge ses « bienfaits à l'infini. »

LES CITÉS ANCIENNES

Il n'est pas sans intérêt de rappeler ici les travaux des anciens pour l'assainissement des grandes cités.

Babylone, cet antique berceau de la civilisation, cette ville immense et encombrée de richesse, celte ville embellie par les arts, peuplée de savants et d'artistes, ornée de monuments gigantesques, entourée d'une muraille de 48,000 mètres, percée de cent portes d'airain, renfermait dans son enceinte des bois, des canaux en grand nombre qui distribuaient les eaux dans les rues, dans les habitations, dans les jardins suspendus sur les places, partout enfin où l'industrie en réclamait l'emploi.

Active, persévérante et libre dans ses efforts, l'Edilité babylonienne plia la science hydraulique à tous les besoins de la vie, au luxe, à la magnificence et à l'assainissement de la ville.

L'administration des eaux en Assyrie était confiée au prophète Daniel, qu'il géra comme ministre sous Nabuchodonosor, sous Darius le Mède et sous Cyrus.

Le ministre des eaux était le chef d'une grande administration séparée des autres et composée d'intendants de province, de chefs de district et d'agents locaux appelés à juger en premier ressort tous les cas particuliers et d'un intérêt local.

A Rome, sous les consuls si grands dans tout ce qu'ils entreprenaient pour la gloire et la prospérité de la patrie, toutes les âmes s'exaltaient, la nature n'avait pas assez de merveilles, les arts en enfantaient partout : les fleuves et les ruisseaux changeaient de face lorsqu'il s'agissait d'exécuter un projet utile à la république.

Dans ces temps prospères les grandes vues se succédaient, les unes aux autres, toujours elles étaient bien accueillies. Voltaire dit à ce sujet, que dans les premiers temps de la république un citoyen obscur dont la passion dominante était le désir de rendre son pays florissant, remit au consul Appius, un mémoire dans lequel il représentait les avantages qu'on retirerait de la réparation des grands chemins et du Capitole, de la formation des marchés, des places pour l'assainissement de l'air et la construction de nouveaux canaux pour emporter les ordures de la ville, sources de maladies qui font périr les citoyens. Le consul Appius, touché de la lecture de ce mémoire et pénétré des vérités qu'il contenait, immortalisa son nom quelque temps après par la voie *Appienne*, Flaminius par la voie *Flaminienne* ; un autre embellit le Capitole, celui-ci établit des marchés publics et ceux-là construisirent des aqueducs et des égouts : l'écrit du citoyen obscur, fut une semence de bonheur qui germa dans l'esprit de ces grands hommes, capables de l'exécution des plus grandes choses.

M. l'Inspecteur général des ponts et chaussées, Directeur des travaux de Paris, dont le Conseil municipal, par des contacts journaliers, connaît et apprécie si bien l'esprit pratique et les lumières éprouvées, mènera à bonne fin, à l'aide d'habiles ingénieurs, ces travaux populaires et de longue durée qui laissent leur trace dans l'histoire et une date à leur époque.

A. JOUANET,

Conducteur du Service municipal,

Membre de la Société nationale d'horticulture de France,

et de la Commission d'hygiène publique et de salubrité

du 15e arrondissement.

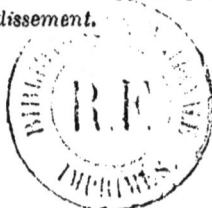

2-85 743. Paris. Typ. Morris Père et Fils, rue Amelot, 64.

MORRIS PERE & FILS IMPRIMEUR PARIS